# SEMPEROPER DRESDEN

Es fotografierten Günter Ackermann
und Siegfried Thienel
Den Text schrieb Dieter Zumpe

VEB F. A. Brockhaus Verlag Leipzig

Einband Vorderseite:
Die Semperoper in Festbeleuchtung

Einband Rückseite:
Aufgang zum 1. Rang

ISBN 3-325-00142-4

3. Auflage

Lizenz-Nr.: 455/150/60/90 · LSV 5219
Lektorat und Bildauswahl: Ingrid Ritter
Reihengestaltung: Hans-Jörg Sittauer
Layout: Marlis Freitag
Printed in the German Democratic Republic
Gesamtherstellung: Druckerei Fortschritt Erfurt
Redaktionsschluß: 17. 2. 1989
Bestell-Nr.: 586 334 4
01000

DIE KUNSTSTADT DRESDEN hat ihren Ruf viele Jahrhunderte hindurch bewahrt, und erst in jüngster Zeit ist den architektonischen Kostbarkeiten ein besonderes Kleinod in alter Schönheit hinzugefügt worden, das den Dresdnern wie kaum ein anderes am Herzen lag – Gottfried Sempers Opernbau. Die Muse Thalia konnte im festlichen Reigen mit den anderen Schwesterkünsten kein herrlicheres Domizil beanspruchen als dieses prächtige Gebäude am Theaterplatz. Zu welcher Zeit man auch immer den Blick über das Forum an der Elbe schweifen läßt, an Imposanz nimmt es die Oper mit den benachbarten älteren Bauwerken, der ehemaligen Hofkirche sowie dem wiedererstehenden Schloß, trotz ihrer nur wenig über 100 Jahre währenden Vergangenheit, durchaus auf. Schon von fern heftet sich das Auge auf die Pantherquadriga, die wie eine übermächtige Galionsfigur die Stirnseite bekrönt, gleichsam als Zierde eines einladenden Schiffes, das für immer fest verankert am Elbstrom liegt . . .

Schon die Zeitgenossen waren des Lobes voll, und der Historiker Heinrich von Treitschke schrieb: »Der gesamten deutschen Baukunst aber erwies Friedrich August einen folgenreichen Dienst, als er den fruchtbarsten und gedankenreichsten der jüngeren Baumeister, den Holsten Gottfried Semper, nach Dresden berief, um das neue Theater mitten hineinzustellen zwischen die flimmernde Pracht des Zwingers und der Hofkirche; in solcher Umgebung entstanden wie von selbst die Entwürfe zu jenen reichen Renaissancebauten, welche, minder überladen als die Werke des Barockstils, dem malerisch gestimmten modernen Auge doch wärmer, vertrauter, zweckmäßiger erscheinen als Schinkels hellenische Tempel.«

Die kühne Komposition des Architekten, heute allabendlich im Licht der Scheinwerfer erstrahlend, verheißt dem Betrachter schon von weitem, daß er zunächst einer beeindrukkenden äußeren Begegnung sicher sein kann. Wer von der Brühlschen Terrasse oder über die Elbbrücke her kommt, vorbei am Denkmal des Königs Johann, wird hier im Eingangsportal zur Oper die schlichte Sandsteintafel bemerken, die kundtut, daß von 1977 bis 1985 Sempers »dritte Oper« wiederaufgebaut wurde.

FOLGEN WIR DER GESCHICHTE. Schon längst war die Zeit für das von Moretti errichtete Theater (ein ebenfalls auf dem Gelände des heutigen Theaterplatzes in Holzfachwerk ausgeführter Bau) abgelaufen. Dennoch eine bemerkenswerte Ära. Als »Kleines Hoftheater« im Unterschied zum großen Opernhaus am Zwinger bezeichnet, wurde in ihm mit besonderer Vorliebe dem italienischen Repertoire gehuldigt, bis schließlich der 1817 nach Dresden berufene Musikdirektor Carl Maria von Weber die Geschicke der neugegründeten deutschen Oper in die Hand nahm, leider nur für neun Jahre. Ein würdiges Haus wird gefordert. In der Person des Architekten Gottfried Semper sah man hierfür den geeigneten Mann, der 1834 als Professor für Baukunst an der hiesigen Kunstakademie zu wirken begann. Sein Verdienst war es, daß er den von Pöppelmann ursprünglich erdachten Forumplan wieder aufnahm, der mit der Weiterführung der noch offenen Zwingerseite bis zur Elbe ein städtebaulich abgerundetes Ensemble vorsah. Durchdrungen von der Idee des Gesamtkunstwerkes verwirklichte Semper den repräsentativen Theaterbau auf dem noch freien Platz; eine vollendete Synthese von Architektur und bildender Kunst. Nach nur dreijähriger Bauzeit öffnet das erste königliche Hoftheater am 13. April 1841 mit Webers Jubel-Ouvertüre und Goethes Schauspiel »Torquato Tasso« seine Pforten. Einer, der das Vermächtnis Webers fortzusetzen gedenkt und der deutschen Oper durch seine eigenen Werke kräftige Akzente hinzufügt, ist der 1843 verpflichtete Kapellmeister Richard Wagner, dessen Opern »Der fliegende Holländer« und »Tannhäuser« hier uraufgeführt werden. Wenige Jahre später mußte der überzeugte Demokrat Semper aus Dresden fliehen, weil er gemeinsam mit Wagner und Röckel, die sein Schicksal teilten, an den revolutionären Maikämpfen von 1849 teilgenommen hatte. – Der Prachtbau verglühte infolge von Unachtsamkeit bei Reparaturarbeiten am 21. September 1869 in einem verheerenden Brande. Zu Beginn des Unglücksjahres waren nach der Münchner Uraufführung hier noch »Die Meistersinger von Nürnberg« erklungen. Eine Stätte der Verwüstung war zurückgeblieben, für die sich nicht einmal der Wiederaufbau zu lohnen schien.

Noch 1849 konnte man in Payne's Universum nachlesen: »Das erste, was man hier bewundert, ist der schönste Platz der ganzen Stadt, der Theaterplatz, der mit dem Schloßplatz vereinigt ist. Das berühmte Theatergebäude ist auf der Rechten . . .« Die Dresdner, gewöhnt an den schönen Anblick, drängten auf die Beseitigung der Ruine und damit auf ein neues Theater. Inzwischen wurde in einem eilig errichteten Interimsbau, der sogenannten »Bretterbude«, der Spielbetrieb fortgesetzt. Nachdem gründliche Gutachten erfolgten und mittlerweile auch die vierte Seite des Zwingers durch die von Semper projektierte Gemäldegalerie geschlossen war, ergaben sich nun ganz neue Gesichtspunkte für den Wiederaufbau.

Vor allem funktionsbedingte Mängel des monumentalen Bauwerks und die gefährliche Nähe zur neuen Galerie machten einen Bau erforderlich, der den gestiegenen Anforderungen genügen mußte. Abermals wurde nach einem Architekten gesucht. Den im Exil lebenden Semper wollte man zunächst umgehen. Doch die Öffentlichkeit drängte energisch auf sein erneutes Mitwirken. Schließlich willigte er ein und stellte sich noch einmal der Aufgabe. Inzwischen fast 70jährig und vollauf mit Arbeiten in der k. und k.-Metropole Wien ausgelastet, greift er auf Ideen zurück, mit denen er sich schon früher beschäftigt hatte, wobei vor allem seine Überlegungen zu einem nicht verwirklichten Richard-Wagner-Festspieltheater für München in seiner geistigen Planung eine Rolle gespielt haben. In der Fassadenarchitektur mit der Exedra wurde dieser Gedanke aufgenommen. Im September 1870 legte der Architekt die »definitiven Baupläne zu dem Königlichen Hoftheater zu Dresden« mit Kostenanschlägen und entsprechenden Erläuterungen vor. Auf eigenen Wunsch soll sein Sohn Manfred als leitender Architekt die Arbeiten betreuen. Schon im Frühjahr 1871, am 24. April, erfolgte die Grundsteinlegung. Nach dem beträchtlichen Tauziehen über die sich während des Bauverlaufs ergebenden fortwährenden Kostenüberschreitungen (usprünglich mit 672000 Talern veranschlagt; am Ende waren es 1148333 Taler) konnte die Regierung nicht ohne Stolz den Ständen vermelden, »daß es gelungen ist, mit den aufgewendeten

Mitteln ein dem ganzen Lande zur Zierde gereichendes, monumentales, künstlerisch harmonisches Bauwerk herzustellen, welches sich in der Hauptsache des Beifalls der künstlerischen Kreise wie des größeren Publikums erfreut und daß der Bau allenthalben in solider, tüchtiger Weise und fast ohne alle schweren Unfälle zu Ende geführt worden ist«.

ERNEUT FEIERLICHE ERÖFFNUNG. Keine Oper steht am 2. Februar 1878 auf dem Programm, sondern Goethes Schauspiel »Iphigenie«. Ein Wermutstropfen fällt in die euphorische Stimmung, denn beträchtliche bauliche Nachbesserungen sind in der Folgezeit erforderlich. Dessen ungeachtet ist das Ensemble der Repräsentationsbauten auf dem Theaterplatz wieder vollständig. Nicht wenige Zeitgenossen sehen in Gottfried Sempers zweitem Dresdner Theater einen Höhepunkt der Architektur des 19. Jahrhunderts. Mag auch die abwechslungsreiche Bemalung und die bald dem italienischen, bald dem französischen Vorbild zuneigende Ausführung mit dem hufeisenförmigen Zuschauerraum und der Ranggestaltung mit den Hoflogen beiderseits des Proszeniums nicht auf einhellige Zustimmung gestoßen sein, Sempers Auffassung über ». . . ein Gebäude, welches eine so chamäleontische Färbung hat, in welchem bald gelacht, bald geweint, aber immer gespielt wird . . .« hatte sich letztlich doch durchsetzen können.

Vieles von dem, was im ersten Theaterbau so starken Eindruck hinterlassen hatte, kehrte wieder: Die Muschelnischen unterhalb der Rangbrüstungen, der kreisrunde Plafond, und nicht zuletzt die Aufstellung der erhalten gebliebenen Plastiken von Gluck, Mozart, Goethe und Schiller, Shakespeare und Moliére waren den Dresdnern vertraut. All das verschmolz harmonisch mit dem Formenspiel der italienischen Hochrenaissance, so daß die Durchblicke in den Foyers zuweilen an die Pracht venezianischer Palazzi erinnerten. Obwohl es dem alten Semper nicht möglich war, ständig auf seiner Baustelle präsent zu sein, wurde er doch durch seinen Sohn laufend über den Fortgang des Geschehens unterrichtet. Die Eilpost zwischen Dresden und Wien hatte damals beinahe täglich Briefe der Sempers zu befördern. Als die Vertreter der Sparmaßnahmen in der sächsischen Regierung gar die Ausschmückung der Vorräume verhindern wollten, bestand Gottfried Semper nachdrücklich darauf, daß Kunstmarmor und Stucco lustro dennoch verwandt wurden. So wie er streng darauf achtete, keinerlei Abstriche an seinem ikonographischen Programm zuzulassen. Auf seine freundschaftlichen Verbindungen in der sächsischen Residenz setzend, beauftragte er seinen Freund Ernst Julius Hähnel, sich nach den fähigsten bildenden Künstlern umzusehen. Einer davon war Johannes Schilling, der mit der Gestaltung der Pantherquadriga beauftragt wurde und dessen bekannte Plastiken, die vier Tageszeiten, den Aufgang zur nahen Brühlschen Terrasse säumen. Und noch ein Semper, der Sohn Emanuel, wirkte vor allem bei den baugebundenen plastischen Arbeiten mit. Zu Recht gaben somit Vater und Söhne dem Hoftheater ihren Namen . . .

Wenn es diesen Künstlern gelang, den Ideen des großen Meisters am nächsten zu kommen, so trifft das für die Maler weit weniger zu. Neben zahlreichen Schülern Ludwig Richters war es vor allem Friedrich Preller d. J., dessen Landschaften in die Lünetten eingingen, aber manch andere Bildwerke blieben weit unter dem Niveau, erreichten nur die Stufe bloßer »Bebilderung«. Was uns kaum berührt, dürfte für Semper weitaus schmerzlicher gewesen sein – die Ausführung der Malerarbeiten im Zuschauerraum blieb hinter den Vorstellungen des Architekten, der immer vom Ideal des Gesamtkunstwerkes ausgegangen war, zurück. Deshalb seine verständliche Unnachgiebigkeit in künstlerischen Fragen. Lediglich die Firma Wilhelm Andreas Schaberschul leistete bei der Ausführung der Ornamentik und Farbigkeit Außerordentliches.

Hätte Semper 1912 miterleben müssen, wie durch eine im Jugendstil gehaltene Übermalung fast alles getilgt wurde, was er an künstlerischen Intuitionen mühsam durchgesetzt hatte, um wieviel bestürzter wäre er erst dann gewesen. Umbauten kamen außerdem hinzu. So kündete schließlich nur noch die Bauhülle vom schöpferischen Willen des Mannes, mit dessen Namen der Theaterbau identifiziert wurde. Die zu Stein gewordene Idee Sempers vom Gesamtkunstwerk schien den Veränderungen des Zeitgeschmacks zu spotten . . .

Der Dresdner Kunstwissenschaftler Dr. Fritz Löffler weist zu Recht in dem Band »Das alte Dresden« darauf hin, daß es gerade dieses Theater war, mit dem die Oper durch Verwendung »aller Künste und Materialien« im Anklang an das Augustäische Zeitalter ihren sinnfälligen Ausdruck als Gesamtkunstwerk erhielt. Der äußere Zauber dieses einmaligen Hauses muß die darin wirkenden Musiker und Sänger auf ungeahnte Weise inspiriert haben, musikdramatische Werke von einzigartiger Schönheit aufzuführen. Die Namen eines Ernst von Schuch, Fritz Busch, Karl Böhm, um nur die Dirigentenpersönlichkeiten zu nennen, und die der Komponisten Weber, Wagner und Strauß sind lebendige Geschichte geblieben, in unzähligen Plattenaufnahmen bis auf den heutigen Tag erhalten. Zugleich entflammten sie die Kunstbeflissenheit der Dresdner stets aufs neue. Es ist vielfach belegt worden, daß nur in diesem musisch aufgeschlossenen Klima ein solches in jeder Beziehung aufwendiges Opernhaus gedeihen konnte, solange, bis der von den faschistischen Verderbern Deutschlands entfesselte Weltbrand auch diesen Musentempel vernichtete. Am 31. August 1944 erklang infolge des »totalen Krieges« Webers »Freischütz« zum letzten Mal. Mit dem Näherrücken der Front sehnte man das Ende der Verbrechen herbei. Da geschah das Unausbleibliche. Was der Terror der Nazi-Luftwaffe jahrelang in anderen Ländern angerichtet hatte, kehrte sich in furchtbarster Weise um, und das Dresdner Inferno vom 13. Februar des Jahres 1945 war nur die Schlußphase jenes Menetekels, das mit der Brandfackel im Reichstag seinen verhängnisvollen Anfang genommen hatte. Verständlich, daß die ausgelöschte Stadt sich zunächst aufs Überleben einrichten mußte, bevor überhaupt an den Wiederaufbau der Ruinen gedacht werden konnte, die einst als stolze Bauwerke den Ruhm von Elbflorenz aller Welt verkündeten.

Und doch berechtigten erste Untersuchungen des Zustandes der ausgebrannten Oper zu der hoffnungsvollen Annahme, dieses Kleinod in absehbarer Zeit wieder erstehen zu lassen. Bereits im September 1946 begann man mit ersten

Sicherungsarbeiten. Als jedoch zwei Jahre später der Giebel des Bühnenhauses einstürzte, geriet der Plan ins Wanken. Wie einst vor knapp 100 Jahren wollten sich die Dresdner mit dem Verlust ihrer Oper nicht abfinden. Spenden der Bevölkerung und entsprechende Gutachten der Denkmalpfleger plädierten nachdrücklich für die Fortsetzung der bereits eingeleiteten Maßnahmen, bis 1950 der Ministerrat des Landes Sachsen den Beschluß zum Wiederaufbau verabschiedete.

Besucher, die in den 50er Jahren den Platz aufsuchten, werden sich noch erinnern, daß das Behelfsdach über dem Zuschauerraum sowie die wiederhergestellte Sandsteinfassade dem Bauwerk vom Theaterplatz her bereits ein ansehnliches Äußeres gaben, nur über den Innenausbau und die damit verbundenen notwendigen Erweiterungen der Funktionsräume war man sich noch nicht im klaren. Es sollten noch Jahre ins Land gehen, bis die technischen Voraussetzungen und vor allem die geistige Klarheit für die Projektierung vorhanden waren, um den Bau in Harmonie zwischen denkmalschützerischen Überlegungen und modernen Erfordernissen zu vollenden. Man entschied sich für eine Konzeption des VEB Gesellschaftsbau, die 1976 vom Ministerrat der DDR bestätigt wurde, so daß am 25. Juni 1977 unter großer Anteilnahme der Bevölkerung die Kassette mit den Dokumenten für die Grundsteinlegung zum Wiederaufbau in die linke Wand des Hauptportals eingelassen werden konnte. Was nun erfolgte, darf mit Recht als eine der hervorragendsten Arbeiten der Werktätigen des mit der Ausführung betrauten VEB Gesellschaftsbau und aller Spezialgewerke einschließlich der Denkmalpfleger bezeichnet werden. Während schwieriger Arbeiten, wie dem Unterfangen der Fundamente bei gleichzeitigem Abtragen des Zuschauerraums zugunsten einer Weitung des Halbrundes, dem Gießen eines Betonkorsetts zur statischen Sicherung des Bühnenhauses, waren Denkmalpfleger und Restauratoren in den Vestibülen und Foyers unermüdlich tätig, um das Original der Semperschen Bemalung wiederzufinden. Vergleiche von Sempers Bauten in Wien und Zürich lieferten z. T. die Farbgebung der dekorativen Bemalung, und manchmal half sogar der Zufall mit. Unmöglich schien es, die durch Brand zerstörten Bilder wiedererstehen zu lassen. Farbreste, alte Fotos und vor allem die Briefe und Pläne Sempers wurden herangezogen, um möglichst einen vollständigen Überblick von der ursprünglichen Ausmalung zu bekommen. Besonders schwierig erwies sich die Wiederherstellung der verbrannten Lünettenbilder in den oberen Vestibülen. Glücklicherweise fand man das Album des Kunstfonds wieder, das in Aquarellen die Wiederholung der alten Gemälde enthielt. Dank diesem sensationellen Fund konnten die Dresdner Künstler und Restauratoren nun ihre Arbeiten nach diesen Originalvorlagen ausführen.

WER DIE SCHWELLE DES NEUEN HAUSES überschreitet, sieht sich einer festlichen und einladenden Innenarchitektur gegenüber, deren verschwenderische Fülle zunächst verwirrt. Dennoch ist die Komposition Sempers so durchdacht, daß die Einstimmung auf den zu erwartenden Kunstgenuß im Kassenraum erfolgen soll. Täuschend echt ist die Wandverkleidung in Eiche imitiert. Alles, was nunmehr zu sehen ist, scheint Spiel, hebt an wie eine zarte Weise und steigert sich allmählich zu kräftigen Akkorden. Stein, Stuck und Farbe, genauestens abgewogen und in der Ausführung virtuos gehandhabt. Kostbares Material wird nur sparsam eingesetzt. Die in die Wand versenkten Marmortafeln sind echt und stammen aus Italien. Hinter dem Umgang die einfach gehaltene Zentralgarderobe, dem Zweck entsprechend. Ebenso versachlicht die zwei Treppenhäuser, die auf direktem Wege zu den Rängen und damit zum Zuschauerraum führen. Will man die Räume beschaulich durchstreifen, muß man den Weg schon über die Kassenhalle wählen und die rechts und links nach oben führenden Aufgänge. Dort in den Vestibülen offenbart sich der ganze Reichtum Semperscher Architektur. Eine Galerie von Säulen wird sichtbar, dem Inneren eines Schlosses eher ähnlich, als daß man die Foyers eines Theaters vermutet. An der feinen Aderung der grünlich-grauen Kunstmarmorsäulen gleitet der Blick empor und verirrt sich in der heiteren Ornamentik der farbigen Deckengewölbe. Eine in mattem Grün gehaltene Umrandung – einheimischer Serpentin aus dem Erzgebirge – säumt die Aufgänge. Von unten und oben öffnen sich von den Vestibülen aus immer wieder neue Durchblicke nach allen Seiten. Da fallen zunächst die Lünetten auf, jene halbrunden Tafelmalereien, die seinerzeit den Dresdner Akademismus der hier ansässigen Maler repräsentierten. Zumeist sind es im Anklang an die Romantik gestaltete Landschaften, die durch ihre Untertitel auf Werke der dramatischen Kunst und des Musiktheaters aller Zeiten verweisen, in strenger Symmetrie sowohl auf der Elb- als auch auf der Zwingerseite. Einmal wird die Antike abgehandelt, während zum anderen die Werke der Neuzeit, beginnend mit Shakespeare und endend mit dem damaligen zeitgenössischen Opernschaffen (»Freischütz« und »Tannhäuser« beispielsweise), Anregung gaben.

Verlassen wir nunmehr das Treppenhaus und begeben uns durch einen Rundbogen ins Rangfoyer. Der Eindruck, der von den warmes Licht spendenden Leuchtern, dem zurückhaltenden Gelb der Bemalung und den purpurfarbenen Sitzgruppen ausgeht, ist von vornehmer Festlichkeit. Kein übertriebener Prunk, sondern die Wiederaufnahme eines abgestimmten, zarten Farbenspiels, das der Antike entlehnt ist. In den Zwischenzonen zum Zuschauerraum begegnet man den Büsten bekannter Komponisten und Dirigenten, deren unvergängliche Musik dem Haus die eigentliche Zweckbestimmung gaben und geben. Welch ein Eindruck, wenn der Blick zum Rund (Plafond) der Decke schweift und wiederum ein Bildprogramm abliest, thematisch der Idee des Theaters zugeordnet. Kreisförmig um die Kronleuchter angeordnet, sind allegorische Frauengestalten zu erkennen, die die europäischen Theaternationen Griechenland, England, Frankreich und Deutschland verkörpern. Dazwischen Köpfe von Dichtern der Weltliteratur: Sophokles und Euripides, Shakespeare und Calderon, Moliére und Goldoni, aber auch Goethe und Schiller. Ergänzend dazu Kinderszenen, die auf Schauspielkunst, Musik, Tanz und Malerei verweisen. Über dem Bühnenportal in ganzer Breite erstreckt sich der Proszeniumsfries. Vom Mittelpunkt, der thronenden poetischen Gerechtigkeit ausgehend, aufgereiht die bekanntesten Bühnenhelden aus Oper und Drama. Auf der linken Seite sind unter anderem Papageno, Tannhäuser, Florestan, Don Juan zu sehen; auf der rechten Othello und Desdemona, Faust und Gretchen, Wallenstein und Falstaff. Durch die Erweiterung des Zuschauerraums mußte das von James Marshall geschaffene Gemälde bei der Rekonstruktion auf beiden Seiten durch Figuren ergänzt werden: rechts Romeo und Julia sowie zwei Krieger; links Gestalten aus »Don Pasquale«. Wahrhaft festlichen Glanz verströmt der Kronleuchter – ursprünglich von der Augsburger Firma Riedinger angefertigt –, der vollständig dem Original wieder nachgestaltet wurde, eine der vielen hervorhebenswerten Meisterleistungen. Die Herstellung des Modells und die Ausführung des Entwurfs lag in den Händen des Dresdner Modellbildhauers Franz Bretschneider. Beherrschendes Element des trotz seiner vier Ränge intim wirkenden Auditoriums bleibt der Schmuckvorhang. Auf ihm sind in üppiger Fülle allegorische Gestalten versammelt, die die Phantasie mit fackelbewehrtem Arm umlagern. Der Karlsruher Maler Ferdinand Keller schuf ihn einst. Den in Öl ausgeführten Entwurf bewahrte die Galerie Neue Meister der Staatlichen Kunstsammlungen auf und ermöglichte damit die Wiederherstellung. Gerahmt wird das kolossale Bild von allerlei Putten – und wie könnte es anders sein: Die Köpfe von Dichtern säumen die Oberkante, während darunter die Medaillons von Komponisten den Abschluß bilden. In tiefem Rot gehalten, wölbt sich darüber der Harlekinvorhang, der sich in verkleinerter Form fortsetzt an den Logen beiderseits des Bühnenportals und über der Galaloge im zweiten Rang. In der Mitte des gerafften Vorhangs ist als heraldisches Element der von zwei Löwen gehaltene Balkenschild mit der grünen Raute aufgetragen, auf das einstige Königreich Sachsen verweisend.

Auf Dresdner Traditionen nehmen die erhabenen Bildnisse berühmter Namen der Opern- und Schauspielgeschichte Bezug. An den Rangbrüstungen finden sich die Medaillons der Neuberin, der Schröder-Devrient, des Wagner-Tenors Tichatschek . . . Allabendlich wird das Rücken der Fünf-Minuten-Uhr verfolgt, die den ersehnten Beginn der Vorstellungen präzise anzeigt. Die beiden Fensterchen sind von Putten umrahmt, die als Zeichen der Vergänglichkeit eine geflügelte Sanduhr emporhalten. Dresdner Theatergeschichte begegnet man auch in den Namen von Kapellmeistern, Direktoren und Dirigenten, die einst hier wirkten. In die Brüstung des ersten Ranges eingelassen der Schriftzug eines der wohl bekanntesten Dirigenten: Ernst von Schuch.

Wer zählt die Details, nennt die Namen? Ein nicht enden wollendes Vergnügen, das auch den Kundigsten bald erschöpfen läßt. Verweilen wir noch im Zuschauerraum. Das Bühnenportal wird von Plastiken geschmückt: zwingerseitig die Sitzfigur der Göttin des Schicksals, Tyche, elbseitig die Göttin des unabwendbar rächenden Geschicks, Nemesis, darüber die Standfiguren von Eros und Psyche, unterlegt von Namensschildern, die Beziehungen zu dramatischen Werken ahnen lassen.

Wenn es auch scheint, daß der Sempersche Originalzustand wiederhergestellt wurde, gibt es doch erhebliche Veränderungen zugunsten verbesserter Sichtverhältnisse. Die früher vorhandene Absperrung innerhalb der Ränge durch Logeneinteilung fiel weg, die Sitzreihen steigen an, und schließlich wurde der hinter den Kolonnaden befindliche fünfte Rang aufgelöst. Beleuchtungseinrichtungen für die Bühne wurden an der Stelle installiert, wo sich früher die billigsten Plätze befanden. Daß dadurch die Anzahl der ursprünglichen Plätze reduziert wurde, mußte in Kauf genommen werden.

Immer wieder aufs neue beeindruckend ist die von Semper für das einstige Hoftheater entworfene Rangarchitektur. Der vollständige Verlust der historischen Ausmalung erforderte ein intensives Quellenstudium, um eine größtmögliche Übereinstimmung von Form und Farbe, Bildwerk und Ornament zu erreichen. Im Ergebnis stellten sich die feinen aufeinander abgestimmten Wirkungen ein. Von den bronzeartigen Tönen der plastischen Girlanden an den Brüstungen bis zum Glanz des Blattgoldes erlangte man die insgesamt warme Tonigkeit wieder. Das zarte Hellgrün an den Rückwänden der Logen korrespondiert mit dem grünlichen Weiß der Brüstungen, ergänzt durch gelegentliche Rosétöne. Die ausgewogenen Kompositionen erfüllen den Raum über dem satten Rot des Parkettgestühls.

Der Besucher ahnt, hier war ein Architekt am Werke, der

mit den schier unerschöpflichen Einfällen an Vorsprüngen und plastischen .Erhabenheiten sich nicht selbst genügen wollte, sondern mit den Auskehlungen und Muschelnischen eins bezweckte, daß es vor allem klingen möge. Die vielgerühmte Akustik des Hauses ist wieder so rein, daß nur wenige erstklassige Theater in Europa sich im Vergleich messen können. Damit hat der neue Zuschauerraum längst über die Weihen des Hauses hinaus seine Feuertaufe für Konzert, Oper und gar kammermusikalische Ereignisse glänzend bestanden. Das unmittelbare Erlebnis eines Opernabends ist durch keine Beschreibung zu ersetzen. Viele kommen nach Dresden, um zu sehen und zu staunen. Doch der größte Teil des Publikums lauscht gebannt der Flut der Töne, die Staatskapelle und Sänger hervorzuzaubern verstehen.

Genug des Schwelgens über das Meisterwerk der Theaterbaukunst, das auch noch nach hundert Jahren den Meister lobt. Verlassen wir die festlichen Räume, die den Glanz Semperscher Architektur bewahren und die demokratischen Absichten des Erbauers nicht verschweigen, indem er die Prunkfoyers von allen Rängen aus zugänglich machte, um die Kommunikation nicht auf einzelne Stockwerke zu beschränken. In den ehemaligen Hoflogen beiderseits des Proszeniums befinden sich die den Erfordernissen moderner Beleuchtung entsprechenden Seitenscheinwerfer, von vielen als Schönheitsfehler empfunden.

AUF HISTORISCHEM PFLASTER inmitten des Theaterplatzes erhebt sich auf hohem Postament das Reiterdenkmal König Johanns, eines den Musen zugetanen Monarchen, der sich unter dem Namen »Philaletes« weit mehr Verdienste erwarb als in seiner politischen Laufbahn. Von hier aus geht der Blick geradezu auf die alles beherrschende Triumphnische an der Vorderseite des Hauses. Der Austritt wird von einem Kuppelsegment überwölbt; Malereien zeigen die drei Grazien sowie Marsyas und Apollon, umgeben von Musikinstrumenten und geflügelten Putten. Die farbliche Wirkung wird noch durch einen Mosaikgrund verstärkt. Die von Ernst Rietschel geschaffenen Sitzfiguren Goethes und Schillers flankieren den Haupteingang, gewissermaßen eine Vorwegnahme des bekannten Dichterdenkmals vor dem Weimarer Nationaltheater. In der Erdgeschoßzone zwei weitere Große der europäischen Dramatik: Shakespeare und Moliére. Mit den darüber befindlichen Plastiken der antiken Dichter Sophokles und Euripides sind es Schöpfungen des Bildhauers Ernst Julius Hähnel. Doch die wohl wichtigste Gruppe als Symbolfigur für das Gesamtkunstwerk wurde von Johannes Schilling geschaffen und bekrönt die Exedra. Dionysos, der Gott des Theaters, rauscht an der Seite Ariadnes in rasanter Fahrt dahin, dem Triumphwagen sind vier Panther vorgespannt. Deshalb auch der Name »Pantherquadriga«, die zu Füßen huldigend von vier Musen umgeben wird. Auf der Balustrade wurden Figuren aufgestellt, die in der Tradition der Desdner Bildhauerkunst stehen. Der Reigen der Figuren wird auf der Zwingerseite von Macbeth angeführt, es schließen sich die Hexe, Mephisto, Faust und andere bekannte dramatische Gestalten an, während den Altan auf der Elbseite Gestalten aus dem antiken Drama mit Zeus an der Spitze zieren.

Selbst die Rückfront, gewöhnlich unansehnlich, ist plastisch verziert. Bei der Rekonstruktion dieses vollständig zerstörten Teils konnte man glücklicherweise auf vorhandene alte Vorlagen zurückgreifen. Dresdner Bildhauer fertigten die zwei Frauengestalten, die das sächsische Wappen mit der Königskrone umlagern – Allegorien auf den Frieden und die Gerechtigkeit, einst von Robert Henze geschaffen. Darunter, sich gegenüber den anderen an der Fassade befindlichen Köpfen bescheiden ausnehmend, das Porträt des Baumeisters der Oper, mit dem der Sohn Emanuel Semper seinen Vater ehrte. Die Sicht darauf ist durch das sich vom hinteren Teil des Altbaus abhebende Funktionsgebäude erschwert.

Zwei Verbindungsbrücken ermöglichen den Übergang von den Garderobentrakten in das Bühnenhaus, das durch eine kühne Lösung verbreitert wurde, indem man die sich seitlich an den Baukörper schmiegenden Fassaden abbrach, sie zum Zwinger und der Elbe hin erweiterte, ohne das Äußere zu verändern. Dieses »Hinausrücken« erbrachte zwei neue Seitenbühnen, so daß im Endergebnis eine modernsten Anforderungen entsprechende Kreuzbühne entstand, die durch den Einbau von Hubpodien, einem Bühnenwagen mit Drehscheibe und weiteren technischen Raffinessen schnelle Verwandlungen während des Spielbetriebs ermöglicht.

Besorgt, die einmalige Historizität des Bauwerks zu erhalten, bereiteten gerade die technischen Fragen, wie Unterbringung der Probenräume, Werkstätten, Lager, Betriebstechnik, Verwaltungs- und Sozialräume den für den Wiederaufbau verantwortlichen Architekten viel Kopfzerbrechen. Heute fügen sich die würfelförmige Probebühne (die mit ihren Ausmaßen der Bühne im Semperbau entspricht), das moderne Funktionsgebäude und die Betriebsgaststätte mit dem Operncafé gut in das städtebauliche Gesamtbild ein. Ein Komplex, der trotz seiner modernen Bauform auf Sandstein als das bestimmende Material zurückgreift.

Längst haben die Dresdner und ihre Gäste von dem neuen Haus Besitz ergriffen. Die festliche Hülle verpflichtet in doppelter Weise. Die Wiedererrichtung des Semperbaus bedeutete Überwindung der Kräfte der Zerstörung des Krieges. Aus den Traditionen der Vergangenheit galt es, sich zur Gegenwart zu bekennen und auf die friedvolle Zukunft unseres Staates zu setzen. Die sieben Jahre der Restauration und des Neubaus zeugen vom Fleiß und Ideenreichtum der Bauschaffenden und Techniker, der Künstler und Denkmalpfleger, die den Prachtbau vollendeten. Ihre Leistungen sind Geschichte, mitunter sogar Legende; denn wer weiß schon, was für Schwierigkeiten überwunden werden mußten, Sempers hinterlassenes Werk mit neuem Leben zu erfüllen? Die Baulandschaft findet sich nur noch in Bildern und Dokumentationen wieder; die Chronisten haben die Vergangenheit eingesammelt. Auf der anderen Seite des Theaterplatzes sind jetzt am Schloß die Gerüste aufgerichtet. Künftige Generationen werden sich auch an seiner Fertigstellung erfreuen.

Die Semperoper bezeugt die Würdigung der deutschen Opern- und Musikkultur durch den sozialistischen Staat. Das Andenken Gottfried Sempers zu bewahren ist erfüllt, in schöpferischer Pflege das Erbe zu erwerben, um es zu besitzen, bleibt als Verpflichtung. Wenn die Lichter der Oper verlöschen, wachen hoch oben auf dem Söller Dionysos und Ariadne, die Schutzgötter des Hauses, über den Frieden an dieser Stätte der Kunst.

2
3

1 Blick von der Hofkirche auf Semperoper und Theaterplatz
2, 3 Detailgetreu nach alten Plänen, Fotografien und anderen Quellen wurde das im Krieg zerstörte Opernhaus wieder aufgebaut
4 Semperoper mit dem Denkmal König Johanns

5
6

5 Standbild Gottfried Sempers auf der Brühlschen Terrasse

6 Ein Höhepunkt der Dresdner Musikfestspiele sind die Aufführungen im Semperbau

7–10 Skulpturen aus Sandstein schmücken die Vorderfront: stehend Sophokles und Euripides, sitzend Shakespeare und Moliere

11 Sphinx über der Hinterbühne

12 An der Rückseite: Sächsisches Königswappen mit Allegorien »Friede und Gerechtigkeit«, darunter Porträtkopf Gottfried Sempers

13 Plastikgruppe von Dramenfiguren über den Vestibülbauten

SOPHOKLES

7
8
9
10

11
12
13

14
15

14 Vorderansicht mit Exedra, darüber die Quadriga von Schilling
15 Pantherquadriga mit Dionysos und Ariadne
16–18 Die Kalotte der Exedra ist mit Mosaiken, Plastiken und Malerei reich gestaltet
19 Aufgang im Unteren Vestibül
20 Zentrale Garderobe in einfacher Zweckmäßigkeit
21 Eine Kellergaststätte wurde neu eingerichtet

16
17
18

19
20
21

22
23

22, 23 Das Untere Rundfoyer in originaler Bemalung

24 Das Obere Rundfoyer mit reichgegliederter Kasettendecke und Dreiviertelsäulen in korinthischem Stil

25 Meisterwerke des Gürtlerhandwerks sind die zahlreichen Kronleuchter

26
27
28

26 Vergoldete Masken schmücken die korinthischen Säulen
27, 28 Deckengemälde »Apollon« und »Die Bestrafung der tyrrhenischen Seeräuber«, rekonstruiert nach Theodor Grosse
29 Oberes Vestibül der Zwingerseite
30 Plafondbild im zwingerseitigen Vestibül, die poetische Gerechtigkeit mit Dramenhelden darstellend

I. RANG

29
30

31
32

31 Durchblick in das Obere Vestibül mit Säulen aus Stuckmarmor und der Balustrade aus Serpentinstein
32 Originalgetreue dekorative Ausmalung in den Vestibülen
33 Filigran ausgeführt ist die reiche ornamentale Bemalung
34 Lünettenbilder zu Themen aus Schauspiel und Oper
35 Stuckmarmorsäulen im Oberen Rundfoyer

33
34
35

36
37

39
40
41

36 Durchblick auf das Deckengemälde im elbseitigen Vestibül
37 Flachkuppel im Bereich der Vestibültreppen
38 Blick von der Bühne in den Zuschauerraum
39, 40 Proszeniumsgemälde »Die Poetische Gerechtigkeit« von James Marshall
41 Der große Kronleuchter im Zuschauerraum
42 Schmuckvorhang mit dem Gemälde von Ferdinand Keller
43 Zuschauerränge mit Galaloge
44, 45 Szenen aus der Oper »Der Rosenkavalier«, Inszenierung von Joachim Herz
46, 47 »Schwanensee« mit dem Ballettensemble der Staatsoper Dresden
48 »Die Meistersinger von Nürnberg« mit Theo Adam als Hans Sachs

DON JUAN
IPHIGENIA

FAUST

43
44
45

46
47
48

49
50

49 Wartung des Kronleuchters im Zuschauerraum
50 Die 5-Minuten-Uhr
51–53 Ovalbilder im Plafond des Zuschauerraums, die Theaternationen symbolisierend, im Wechsel mit agierenden Puttengruppen

X
45

51
52
53

IFFLAND
BEETHOVEN

54
55
56

54, 55 Reichen plastischen Schmuck weisen die Rangbrüstungen auf, darunter Medaillon der Neuberin und Reigen von Putten
56 Plastik »Nemesis« am Bühnenportal
57 Beleuchtungseinrichtungen im Bühnenbereich
58 Hauseigenes Fernsehstudio für Mitschnitte
59 Rückseite des Opernhauses mit neuem Funktionsgebäude
60 Masken als Eckenverzierung an der großen Probebühne
61 Durchblick zum Turm der Kathedrale

57
58

59
60
61

63
64
65

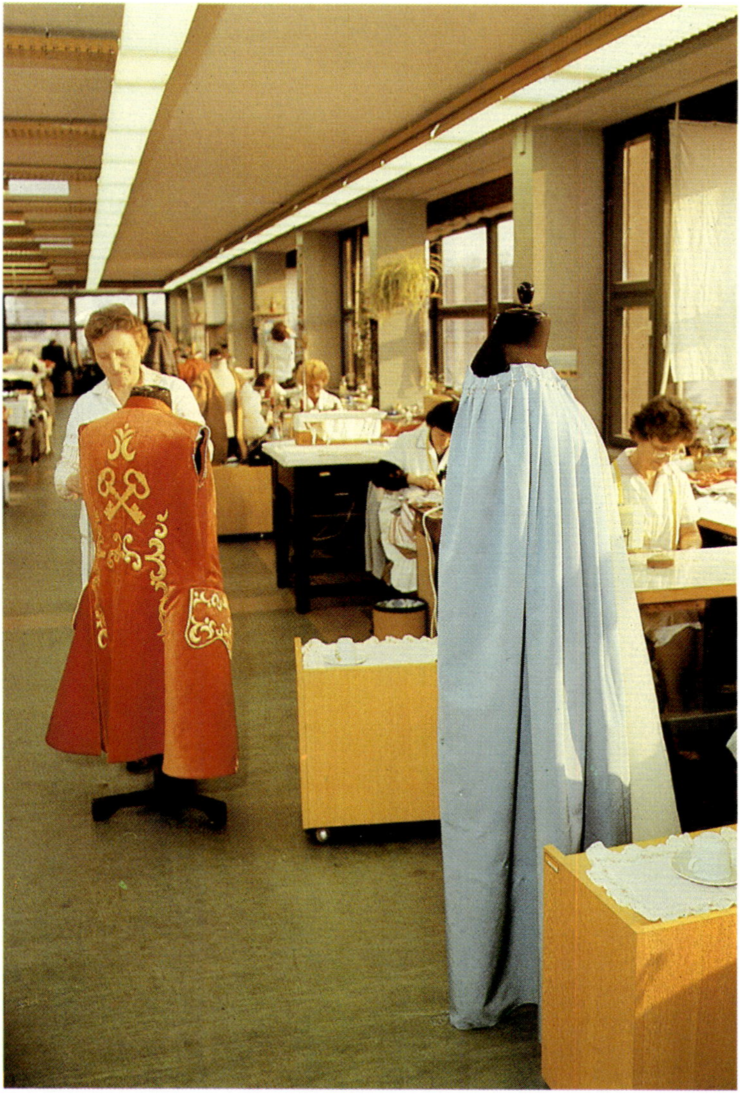

62 Ansicht der neuen Funktionsgebäude mit der Stadtsilhouette im Hintergrund

63–65 Zu den Theaterwerkstätten gehören Malsaal, Tischlerei und Kostümschneiderei

66
67

66 Übergänge verbinden die einzelnen Gebäude miteinander
67 Ballettsaal
68, 69 Die neue Operngaststätte
70 Gesamtansicht der Semperoper am Abend
71 Blick auf die Brühlsche Terrasse mit Kathedrale und Stadtschloß